Mi Pastor

Salmos 23

Escrito por

Dave y Linda Wager

Ilustrado por

Alyssa Lewis

Traducido por

Sara Wager

Mi Pastor
Copyright (derechos de autor) © 2019 by Silver Birch Ranch
Ilustraciones © 2019 by Alyssa Lewis
Publicado por Silver Birch Ranch
Todos los derechos reservados. Ninguna parte de esta publicación puede reproducirse, almacenarse en un sistema de recuperación o transmitirse de ninguna forma o por ningún medio (electrónico, mecánico, fotocopia, grabación o cualquier otro), salvo breves citas en revisiones impresas, sin el previo permiso del editor.
Las solicitudes de información deben dirigirse a lo siguiente:
Silver Birch Ranch
N6120 Sawyer Lake Road
White Lake, WI 54491
Publicado en los Estados Unidos

ISBN: 978-1-7328241-2-6
ISBN: 978-1-7328241-3-3

Las citas Bíblicas son de Santa Biblia, NUEVA VERSIÓN INTERNACIONAL® NVI® © 1999, 2015 por Biblica, Inc.®
Usado con permiso de Biblica, Inc.® Reservados todos los derechos en todo el mundo.

Dedicado a las familias
de los campistas de Silver Birch Ranch
y
Los Crosstrainers y sus líderes en
La Iglesia Comunitaria de Antigo

Especial
agradecimiento
a
Todd McIlhany
Tracy Meyer

Salmos 23

El Señor es mi pastor,
nada me falta;
en verdes pastos me hace descansar.
Junto a tranquilas aguas me conduce;
me infunde nuevas fuerzas.
Me guía por sendas de justicia por amor a su nombre.
Aun si voy por valles tenebrosos,
no temo peligro alguno
porque tú estás a mi lado;
tu vara de pastor me reconforta.
Dispones ante mí un banquete en presencia de mis enemigos.
Has ungido con perfume mi cabeza;
has llenado mi copa a rebosar.
La bondad y el amor me seguirán todos los días de mi vida;
y en la casa del Señor habitaré para siempre.

Introducción

Muchas veces usamos una imagen para ayudar a alguien a ver exactamente de qué estamos hablando. Dios también hace eso, y de vez en cuando usa historias sobre su creación para ayudarnos a entender claramente algo que podría haber sido difícil de entender sin la imagen. Estas historias, o comparaciones, nos ayudan a entender el amor de Dios por nosotros, cómo podemos amarlo a él y cómo el mundo que nos rodea afecta nuestras vidas

Una de las "imágenes de palabras" que usa Dios que nos ayuda a comprender algunas formas muy interesantes en las que fuimos creados es la de las ovejas. Dios creó a las ovejas, y compara a las personas que Él creó con las ovejas. Como no cultivamos lana, ni deseamos comer hierba, debe haber otras comparaciones que Dios quiera que entendamos.

Aunque las ovejas son inofensivas, lindas y proporcionan lana, tienen enemigos. Estos enemigos parecen estar enfocados en encontrar y destruir estas ovejas para satisfacer su propia hambre. Los lobos no están interesados en ayudar, pero en hacer daño. No quieren amar a las ovejas. Quieren usar las ovejas, y cuando terminen, la oveja tendrá una muerte aterradora y terrible. El lobo ni siquiera se sentiría mal por tales cosas. Los enemigos de las ovejas no son enemigos por lo que han hecho las ovejas, sino por la naturaleza de los enemigos y por el hecho de que las ovejas son objetivos "fáciles."

Miremos el Salmo 23 en la Biblia, teniendo en cuenta que somos como ovejas y el pastor es Dios, quien nos creó y nos ama.

El Señor es mi pastor….
Salmos 23:1a

Mi Pastor es El
que me cuida y provee para mí.
Él me conoce y me cuida.
Él me busca cuando me alejo, y él me ama.
Su voz es la voz que conozco,
y Él siempre quiere lo mejor para mí.
Mi Pastor es el único en quien puedo confiar.
Estaré bien cuidado y seguro
si elijo quedarme cerca de Él.

Nada me falta
Salmos 23:1b

Como una oveja, no puedo hacer mucho por mi cuenta.
Incluso cuando era una ovejita, aprendí que necesitaba confiar en mi Pastor.
No puedo pelear ni cultivar alimentos, ni siquiera resistirme a los pequeños insectos que me pican y me hacen daño.
Sé que mi Pastor es digno de confianza
porque siempre me cuida a mis necesidades y hace lo que es mejor para mí.
Mi Pastor puede cuidarme mejor cuando me mantengo cerca de él.
Cuando camino con Él, Él cuida de todas mis necesidades.
De hecho, cuando sigo al Pastor, todas mis necesidades se satisfacen tan bien que no tengo "deseos."
Estoy satisfecho.

En verdes pastos me hace descansar.
Salmos 23:2a

A veces, cuando el sol se va y todo a mi alrededor comienza a oscurecerse,
puedo escuchar y oler a los peligrosos animales que acechan en las sombras.
A veces tengo miedo y hay muchas cosas que me impiden dormir.
Mi Pastor me lleva a espacios grandes donde puedo ver lejos
en todas direcciones. Es en estos lugares que sé que estoy seguro con
mi Pastor cerca de mí, y puedo dormir bien.
Cuando yo era joven, vi a las ovejas mayores acostadas para descansar
cuando estaban cerca del Pastor.
Vi que confiaban en el Pastor, así que yo puedo confiar en El también.
Cuando algunas de las otras ovejas no están con nuestro Pastor,
sienten la necesidad de proteger su territorio.
Quieren asegurarse de que ninguna de las otras ovejas va a venir a comer su hierba,
entonces no se relajan lo suficiente para quedarse dormidas.
Se quedan de pie porque temen que les roben la comida.
Siempre tengo suficiente para comer cuando me mantengo cerca de
mi Pastor y confío en Él.
Cuando estoy con él y escucho su guía, sé que puedo acostarme para dormir.

Junto a tranquilas aguas me conduce.
Salmos 23:2b

A veces paso mucho tiempo sin beber agua.
Cuando el rocío de la mañana es lo suficientemente pesado, puedo obtener suficiente
agua para satisfacerme solo con la hierba mojada.
Temprano en la mañana, mi Pastor nos llevará a mí y a las otras ovejas a un lugar
tranquilo donde la hierba está mojada, y tenemos suficiente para beber.
Pero hay temporadas en las que la hierba está muy seca y tengo mucha sed.
Durante esos momentos,
casi no puedo pensar en otra cosa que no sea querer algo para beber.
No siempre hay muchos lugares para encontrar agua, por lo que mi Pastor buscará
un pozo de donde extraer agua,
o una piscina o un arroyo donde podamos beber.
Las otras ovejas y yo no siempre tenemos cuidado con el tipo de agua que bebemos.
Si no estoy siguiendo la guía de mi Pastor, Podría beber de un charco de lodo
y enfermarme. O bien, podría beber de una zona pantanosa
y sacar una sanguijuela por la nariz.
A veces, si el agua corre ruidosamente por el borde de un arroyo,
y mi Pastor no está cerca para observarme,
puede que yo no vea ni escuche a un enemigo acercarse.
Mi pastor sabe que necesito beber agua limpia,
y siempre se asegura de obtener lo que necesito.
Es importante para mí estar cerca de mi Pastor y escuchar Sus instrucciones.

Me infunde nuevas fuerzas.
Me guía por sendas de justicia
Por amor a su nombre
Salmos 23:3

Sé cuándo mi pastor está cerca,
y cuando lo estoy siguiendo, sé que todo saldrá bien.
Entonces, cuando estoy con Él, me siento bien.
Cuando tropiezo o me caigo,
tengo problemas para levantarme de nuevo,
debido a mi gruesa lana.
Me siento indefenso cuando esto sucede.
Pero mi pastor vendrá a salvarme
y me ayudará a pararme en los cuatro pies otra vez. Cualquiera
que observe las ovejas que mi Pastor cuida
sabe que es un Pastor maravilloso.
Nos guía por el camino correcto.
En cierto modo, las ovejas que lo siguen
le muestran al resto del mundo lo maravilloso que Él es realmente.

Aun si voy por valles tenebrosos,
no temo peligro alguno
porque tú estás a mi lado;
tu vara de pastor me reconforta.
Salmos 23:4

Viajamos con frecuencia a nuevas tierras de pastoreo a través
de puertos de montaña
que nos hacen presa fácil para cualquier lobo.
Mientras caminamos, podemos oler su pelaje mojado
y ver sus ojos en las sombras mirándonos.
Por muy peligroso que sea este camino,
necesitamos recorrerlo para llegar al siguiente pasto.
Sin embargo, me siento totalmente seguro porque
mi Pastor está con nosotros.
Esos lobos parecen estar paralizados
por la mirada de nuestro Pastor y temerosos de Su bastón.
Me alegro de pertenecer al único, mi Pastor,
a quien temen mis enemigos.

Dispones ante mí un banquete en presencia de mis enemigos.
Salmos 23:5a

Muchas veces, como ovejas, nos establecemos en un pasto
que parece estar reservado solo para nosotros.
Hay rocío en la alta y gruesa hierba en la mañana,
que nos da tanto el agua como la comida que necesitamos.
Nuestro Pastor y sus amigos pueden ver esto como hierba,
pero lo vemos como un banquete con todas las guarniciones.
Mientras comemos, nuestro Pastor mirará a nuestros enemigos
que se han reunido alrededor de nuestra mesa de banquete.
Ellos, también, parecen querer una comida de banquete—
solo que nosotros seríamos su plato principal.
Sabemos que estamos seguros
cuando quedamos cerca del Pastor.

…has ungido con perfume mi cabeza;
has llenado mi copa a rebosar.
Salmos 23: 5b

A veces los insectos me vuelven loco.
No puedo controlar los insectos
porque no tengo manos, pies o repelente.
Mi Pastor sabe cuánto me molesta
cuando los insectos me rodean,
así que Él hace una maravillosa mezcla de aceite y especias,
y lo frotará por toda mi cabeza.
A los insectos no les gusta esta mezcla,
así que molestarán a otros animales
que no tienen un Pastor amoroso para ayudarlos.

La bondad y el amor me seguirán
todos los días de mi vida;
y en la casa del Señor habitaré para siempre.
Salmos 23:6

Las cosas buenas siempre suceden cuando elijo quedarme junto a mi Pastor.
Me alegra que no me haya pedido ser un luchador feroz
capaz de enfrentarse a leones, coyotes o lobos.
Me alegra que no me haya pedido encontrar las aguas tranquilas
o los pastos verdes.
Mi Pastor solo me pide que haga algo que yo pueda hacer, y eso es seguirlo.
Mi pastor no me necesita.
De hecho, probablemente, a veces, sea más una carga para Él que una bendición.
Pero Él me quiere a mí.
Cuando cometo errores y sigo a las otras ovejas, en lugar de seguirlo a Él,
Él no me golpea, pero usa su bastón para corregirme
y para recordarme a quién debo estar siguiendo.
Esas ovejas, tan bendecidas por tener un Pastor como el mío, pueden relajarse,
disfrutar de ser ovejas y saber que nuestro futuro es seguro
por la amabilidad, el amor, la capacidad y el cuidado de nuestro Pastor.
Es bueno ser una oveja cuando tienes un Pastor como el nuestro.
Él nos da la oportunidad de disfrutar la vida.
Los que no tienen Un Pastor solo sobreviven,
y por lo general, no por mucho tiempo.

Conclusión

Dios compara a las personas con las ovejas. Nosotros también tenemos enemigos que no pedíamos y no podemos controlar. Satanás es el enemigo de Dios y nosotros. Él es comparado a un león rugiente. Satanás no nos tiene miedo, pero está aterrorizado de Dios. Mientras seguimos a Dios, Él nos mantiene seguros.

Al igual que las ovejas, Dios solo nos pide que hagamos algo que podamos hacer: seguirlo. No nos ha pedido poder luchar, sino seguirlo. Hay personas que son las ovejas de Dios en todo el mundo, porque todos los que están en el rebaño de Dios han venido al rebaño de la misma manera.

Nos unimos a la familia de Dios al aceptar su invitación a unirnos. Estar en la familia de Dios le costó a Dios un gran precio, y con gusto Él pagó el precio por nosotros.

Dios, el Pastor, sabía que muchos de nosotros éramos como ovejas sin pastor, y que no teníamos manera de disfrutar esta vida o de esperar a la siguiente a menos que Él llegara ser nuestro pastor.

Porque nos ama, Dios puso en marcha un plan. Él envió a su propio Hijo, Jesús, a venir a esta tierra y luchar contra Satanás, nuestro enemigo, por nosotros. Jesús vino y nos mostró cómo era amar de verdad.

A pesar de que Él era Dios, se convirtió en una de las ovejas por un tiempo, y nos mostró cómo ser una oveja que sigue a un Pastor.

La Biblia nos dice que cuando las personas vieron a Jesús, lo llamaron una "oveja" que vino a quitar los pecados del mundo.

"Al día siguiente Juan vio a Jesús que se acercaba a él, y dijo: ¡Aquí tienen al Cordero de Dios, que quita el pecado del mundo!" Juan 1:29

Luego, cuando el enemigo (Satanás) iba a atacar, Jesús, el Cordero de Dios, tomó nuestro lugar, y murió en nuestro lugar.

Para que yo sea parte del rebaño, o familia, de Dios, necesito aceptar el sacrificio que Jesús ha hecho en mi nombre por mi pecado. El "pago" para estar en su familia fue hecho por Jesús. Solo necesito admitir mi necesidad y aceptar su pago. Eso es algo que todos podemos hacer.

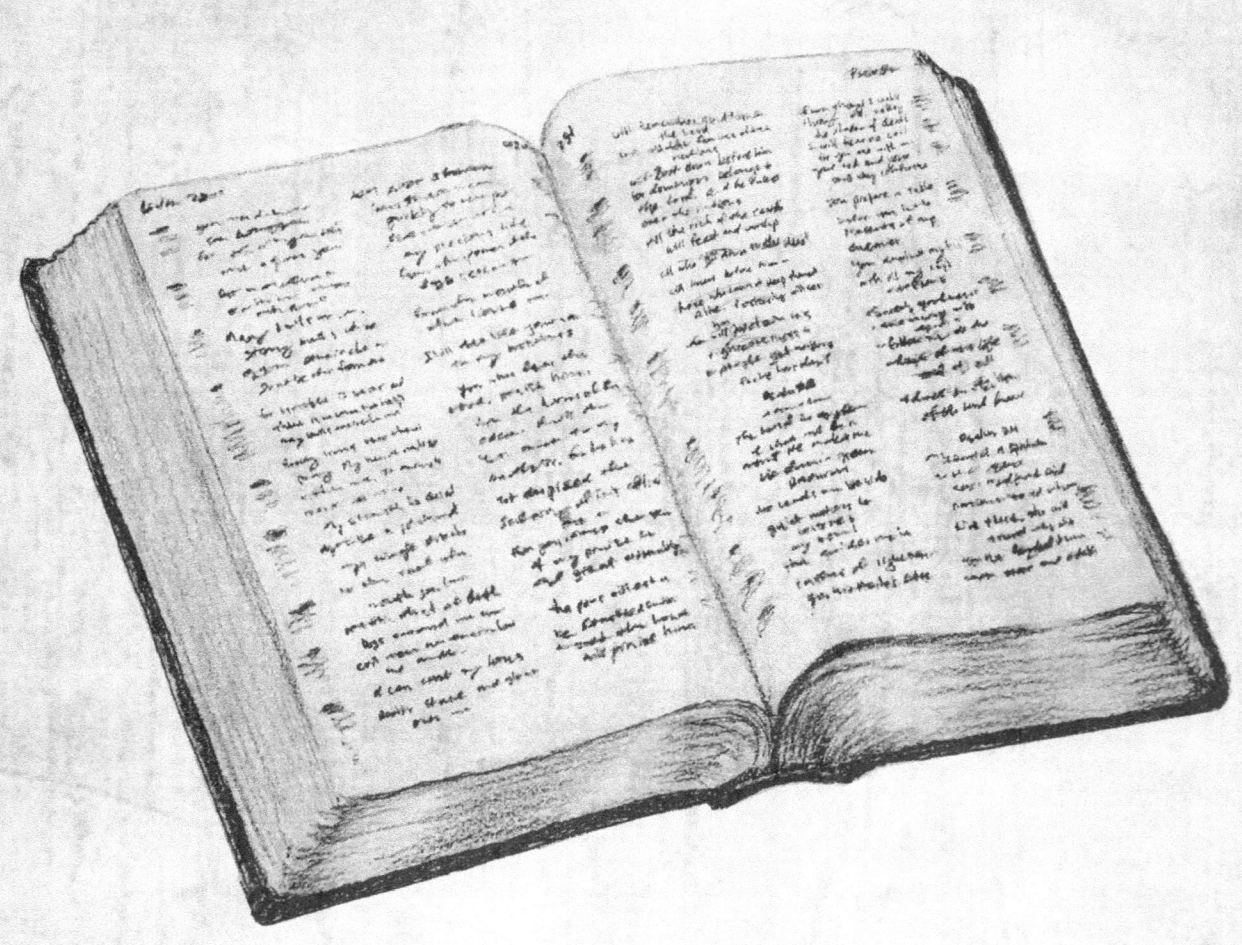

¿Eres parte del rebaño (la familia) de Dios?

¿Es Dios tu pastor?

¿Lo estás siguiendo?

Piensa en esto y habla sobre esto con un adulto que ama a Dios y con quien tienes confianza.

Aquí hay algunos versículos de la Biblia para pensar.
Estos versículos te ayudarán entender que tanto te ama Dios. Te
invita a ser miembro de su rebaño, o familia.

"... *pues todos han pecado y están privados de la gloria de Dios...*"
Romanos 3:23

Este versículo explica el problema que tenemos.
Todos somos pecadores y este pecado habernos separado de Dios.

****

"*Porque la paga del pecado es muerte, mientras que la dádiva de Dios es vida eterna en Cristo Jesús, nuestro Señor.*"
Romanos 6:23

A pesar de que nuestro pecado nos ha separado de Dios, Él nos ofrece un regalo—
un regalo por lo que Él ya había pagado—
el regalo de estar en su rebaño, o familia, por lo que Jesucristo ha hecho.

****

Que, si confiesas con tu boca que Jesús es el Señor y crees en tu corazón que Dios lo levantó de entre los muertos, serás salvo. Porque con el corazón se cree para ser justificado, pero con la boca se confiesa para ser salvo.
Romanos 10:9-10

Dios hace claro que para estar en su rebaño, o familia,
necesitamos reconocer nuestro pecado y cómo nos separa de Él.
También vemos el tremendo amor de nuestro Dios en eso mientras somos ovejas
indefensas, Él envió a su Hijo, que también es Dios,
y debemos poner nuestra esperanza, o fe, y confiar en Jesús y su pago por nuestros pecados.

"...porque todo el que invoque el nombre del Señor será salvo"
Romanos 10:13

Los que están en el rebaño, o familia, de Dios tienen algo en común.
Ellos han confiado completamente en Jesús para estar en su familia.
No han confiado en el rebaño ni en su capacidad para luchar contra el enemigo, ni pensaron que eran ovejas lo suficientemente
buenas para ganarse un lugar en el rebaño de Dios.
Pidieron ayuda a Dios, el Buen Pastor, y confiaron solo en su Hijo, Jesús.

****

Porque tanto amó Dios al mundo que dio a su Hijo unigénito, para que todo el que cree en él no se pierda, sino que tenga vida eterna.
Juan 3:16

Dios es comparado con un buen pastor,
y un buen pastor está dispuesto a dar su vida por las ovejas.
Eso es exactamente lo que Jesús hizo por ti y por mí.
Dios te ama y, debido a su amor y su deseo
de que vivas y mueras de una manera significativa, Él dio.
Él dio a Su Hijo.
Él dio a Su Hijo para que todos los que ponen su esperanza, fe y confianza en Él, y solo
Él, sean parte del maravilloso rebaño, o
familia, de Dios,
y nunca enfrentarán la ira de los enemigos que aman destruir.
Por ahora, la elección es tuya.
Te invitamos a elegir ser parte del maravilloso rebaño de Dios—la familia de Él.

www.ingramcontent.com/pod-product-compliance
Lightning Source LLC
Chambersburg PA
CBHW061152070526
44584CB00034B/4496